AF247227

STANCES
CHRESTIENNES
OV
MEDITATION
SVR
LE IVGEMENT
DERNIER

Et Parraphrase sur les Pseaumes 136. & 42.

Par *Messire.* I. DES FOSSES, *Prieur
de Chailles.*

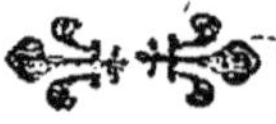

A BLOIS.

Par FRANÇOIS DE LA SAVGERE, Imprimeur
du Roy, de son Altesse Royale, & de la Ville.

D. M. C. LVI.

A MONSIEVR
DES FOSSES,
SVR SON POEME
du Iugement Final.

QVE ce portraict est estonnant,
DES FOSSES, ou tu fais paraistre
La iustice d'vn DIEV Tonnant,
Sur lorgueil d'vn suiect qui mecognoist son maistre.

Mais que la douceur de tes vers
En sçait bien moderer latteinte,
Et parmy tant de maux diuers
Ioindre agreablement l'espérance à la crainte.

Car si d'vn costé ce grand iour
Paroist à nos yeux effroyable :
De l'autre tu dépeins l'Amour
D'vn Iuge tout ensemble & iuste & pitoyable.

HVART.   Aduocat du Roy.

MEDITATION SVR LE IVGEMENT VNIVERSEL.

STANCES.

Ibertins endurcis dans vos impietez,
Qui donnant trop à la nature,
Mettez tout voftre espoir deffus la creature,
Et du monde trompeur fuiuez les vanitez:
Defgagez vos ames feduittes,
De tans de vains emplois confiderez les fuittes,
Voyez comme il faudra les quitter pour iamais:
Et préuoyant les maux qui menacent vos teftes,
Ceffez de viure en beftes,
Et viuez pour le moins en hommes deformais.

STANCES

Considerez Mortelz qu'en ces mesmes moments
    Que vous flottez dedans la ioye,
La mort vous suit de pres, & vous faisant sa proye
Vient vous arracher vifs à vos contentements:
    Que de vos plus tendres delices,
Elle vous va plonger en d'éternels supplices,
Sans que vous en sachiez ny le temps ny le lieu,
Et lors que vous croirez marcher d'vn pas plus ferme,
    Vous trouuerez le terme,
Comme il est arresté dans les decrets de Dieu.

Qu'est il dans l'vniuers qui ne doiue finir?
    Il est ordonné que tout meure,
Il n'est point icy bas d'éternelle demeure,
Chacque chose à son terme, & tout y doit venir:
    C'est vn decret dans la nature,
Que ne peut esuitter aucune creature,
Chacune y naist soumise indispensablement,
Et quoy qu'elle trauaille à conseruer son estre
    En commançant à naistre,
Elle court à sa fin irreuocablement.

Oüy nos iours passeront , & tout l'esclat humain,
    Les courses en sont mesurées,
Les heures seulement n'en sont pas asseurées,
Si ce n'est aujourd'huy, ce sera pour demain.
    Ne flatons point nos negligences,
Ce haut secret n'est point de nos intelligences,
Dieu se l'est reserué, luy seul en connoist tout,
Et bien qu'esgalement le temps sans cesse roule,
    Il s'enfuit , il s'ecoule,
Et traisne auec soy toutes choses a bout.

Chaque heure, ou bien plustost chaque petit moment,
    Est vn pas vers la sepulture,
Et cette deffaillance en toute la nautre ,
Se ressent , se remarque, & croist incessamment:
    Nous nous escoulons comme l'onde ,
Nous voyons auec nous escouler tout le monde,
Par mille changements du soir iusqu'au matin:
Ainsi tout l'vniuers n'estant faict que pour l'homme,
    Le temps qui le consomme
L'assubiettit aussi sous le mesme destin,

Helas! il eſt trop vray que ce grand vniuers,
   Qui depuis tant de temps ſubſiſte,
Ployant ſous cette main à qui rien ne reſiſte
Tombera dans l'horreur d'vn funeſte reuers,
   Cette merueilleuſe ſtructure;
Que ce Diuin autheur, & Roy de la nature.
Auoit rempli de biens auec profuſion,
Ce chef d'oeuure accompli dans toutes ſes parties
   Iuſtement aſſorties,
Deſvni tombera dans la confuſion.

Le iour viendra bien toſt, où le flambeau des cieux
   Suiuant ſa route couſtumiere,
Pour la derniere fois montrera ſa lumiere,
Que nous verrons perir deuant nos triſtes yeux.
   Desja le ciel nous faict entendre,
Dedans quelles frayeurs nous le deuons attendre,
Combien nous y deuons veiller auecque ſoing:
Et la terre n'eſt plus qu'vn theatre funeſte,
   Ou la guerre, & la peſte,
Nous diſent nettement qu'il ne peut eſtre loing.

Ce sera lors, que Dieu iustement irité,
   Contre l'insolence des hommes,
Viendra demander compte a touts tant que nous sômes,
Pour donner à chacun ce qu'il à merité:
   Ce sera lors, que son Tonnerre,
Faisant trembler d'horreur & le ciel, & la terre,
Remplira les Pecheurs d'inutilles remors,
Et que Iesus assis en son lict, de Iustice,
   Sans qu'aucun le flechisse
Rigoureux iugera les viuants, & les morts.

Mais qui de ce grand iour du dernier Iugement,
   Pourroit tracer vne peinture?
Qui pourroit exprimer de toute la nature
Le desordre, le trouble, & l'entier changement?
   Et qui pourroit auoir l'idée
De ces signes affreux dont sera précédée,
La désolation de ce vaste vniuers?
Certes il cognoistroit que les plus durs supplices,
   Ne sont que des delices,
Au prix de tant de maux qui sont encor couuerts.

B

Helas ! ce iour facheux se verra deuancé
    De prodiges espouuentables,
Des aproches d'vn Dieu messagers redoutables,
Mais d'vn Dieu, iuste Iuge, & de plus, offencé.
    Prodiges qui de sa cholere
Seront à tout le monde vne preuue si claire,
Que les hommes troublez en secheront deffroy,
Et qui nous conueincront par leur aspect terrible,
    Combien cest chose horrible,
Que de tomber coupable és mains d'vn si grand Roy.

Dans ce déclin du monde vn monstre audacieux,
    Homme d'erreur, & d'iniustice,
Filz de perdition, & semence du vice,
Sortira des Enfers pour attacquer les cieux,
    Il supposera des oracles,
Il se dira le Christ, fera de faux miracles,
Seduira s'il ce peut les plus saincts des mortelz,
Et d'un dernier effort d'orgueil, & de licence,
    Opprimant l'Innocence,
Il placera son throsne au plus haut des autelz.

Sous son regne on verra sousleuer les Estats,
    Saccager toutes les Prouinces,
Les subjects réuoltez attaqueront leurs Princes,
Et formeront contre eux d'horribles attantas,
    Mille auertions mutuelles,
Les porteront entre eux à des guerres cruelles,
On ne gardera plus ny d'ordre, ny de rang :
Le Frere furieux ira contre son Frere,
    L'Enfant contre son Pere,
Et le Pere enragé mecognoistra son sang.

Il se fera de tous redouter en tout lieu,
    Tous trembleront dessous ses armes,
Et les Hommes trompez par la force des charmes
Luy rendront les honneurs qu'ils ne doiuent qu'a Dieu.
    Les Iuifs le croiront le Messie,
Et cette race ingrate, & de crimes noircie,
Qui fit de son salut mourir l'autheur en croix,
Portant dessus le front le honteux caractere,
    De son ioug volontaire,
Suiura cét imposteur, & receura ses loix.

Dans tous les Elements paroistra son pouuoir:
    L'air esclatera du tonnerre,
Le feu ruissellera du Ciel dessus la terre,
On la verra trembler, & les eaux s'esmouuoir.
    Et par ses mesmes malefices
Dedans Ierusalem les plus forts Edifices,
Ou seront esbranslez, ou seront démolis,
Et d'Hommes massacrez en cette grande Ville,
    Au nombre de sept mille
Sous ces tristes debris seront enseuelis.

Ce mortel Ennemy de tout le genre humain
    Desolera toute la terre:
Contre Iesus-Christ mesme il portera la guerre,
Et dans le sang des siens il trempera sa main.
    Deux illustres, & grands Prophetes
Esprouuant sa fureur dans leurs propres deffaictes
Demeureront trois iours sur terre estendus morts:
Et tout ce que le monde aura de venerable,
    De Sainct, & d'adorable,
Sera l'vnique object de ses sanglants efforts.

Il ostera la Messe , & tous les Sacrements,
Il prophanera nos Misteres,
De l'Euangile Sainct les dogmes salutaires
Seront aneantis par ses faux documents.
Ainsi semant sa Zizanie,
L'vniuers gemira deßous sa tyranie,
Dont trois ans & demy le regne durera:
Car Iesus-Crist venant en vengeances terrible
Contre ce Monstre horrible,
Du soufle de sa bouche il l'exterminera.

Mais quoy qu'en cette mort de nos tristes malheurs
Eust deû s'arrester la puissance:
Helas! tout au contraire ils donneront naissance
A de nouueaux subiects de plus aspres douleurs.
Et des lors on verra sept Anges
Couurir tout l'Vniuers de miseres estranges
Espuisant les vaisseaux pleins du Diuin courroux.
Tout se soufleuera, tout nous fera la guerre,
Le Feu, l'Air, l'Eau, la Terre,
Et rien ne nous pourra deffendre de leurs coups.

Les Cieux n'aurôt plus d'ordre en tous leurs mouuemêts
 Ceste aymable, & iuste harmonie
De differens accords parfaictcment vnie,
Ne s'exprimera plus en ces derniers momens
 Leurs vertus qui sembloient si lentes
Dont la paix retenoit les courses violentes
Sortiront d'vn estat si tranquille, & si doux:
Et nous feront cognoistre auec vn bruit estrange,
 Que la main qui les change
Est celle qui bien tost doit s'esleuer sur nous.

Vne nuict effroyable estendra sur les Cieux,
 Ses plus noirs, & funestes voiles,
Nous en verrons tomber les brillantes estoilles
Que la serenité descouuroit à nos yeux
 Ces deux clairs, & Grans Luminaires,
Perdant en vn instant leurs beautez ordinaires
Rempliront de terreur toutes les nations,
Et tout Dieu fera regner sur les testes coupables,
 Des tenebres palpables,
Sera l'vn enchastiments leurs inclinations.

Mais si l'air y retient encor quelque clarté,
Si quelques feux s'y font paroistre
C'est moins pour l'esclairer, que pour y faire croistre:
Les horreurs de la nuict, & de l'obscurité.
D'innombrables coups de Tonnerre
Au deffaut du Soleil seruiront à la Terre
Côme autant de flãbeaux pour voir tous ses malheurs,
Et mille astres errants de diuerses figures
Et de mauuais augures,
Ne pronosticqueront que des subiects de pleurs.

L'ocean qui iamais ne passe outre ses bords
Dans le plus violent orage
Escumant de cholere, & mugissant de rage,
Fera pour en sortir d'incroyables efforts.
Dessus ses humides campagnes,
Les flots s'esleueront comme autant de Montagnes
Dont les exaussements estonneront nos yeux,
Et poussant les boüillons de ses ondes cheniies
Iusques dedans les Nües,
S'ira confondre aux eaux qui sont dessus les Cieux.

STANCES

Presque'au mesme moment ces terribles monts d'Eau
    Dont le sommet touchoit les astres,
Dans le funeste cours de ces sanglants desastres,
Fondront comme la cire aux rayons d'vn flambeau.
    Les ondes autant rauallées,
Qu'auparauant de rage elles estoient enflées
Se précipiteront dans le sein de la Mer,
Qui par tout agitée, & se fuiant soy mesme
    D'vne vitesse extreme
Dedans son propre sein semblera s'abismer.

Mille Monstres affreux l'œil brillant de fureur
    Sortiront au dessus de l'onde
Et iettant leurs regards au quatre coings du monde,
Y ietteront aussi la crainte, & la terreur.
    Mais si leur geste, & leur posture,
Si leur prodigieuse, & massiue stature
Effroyent les humains iusques à les troubler,
A qui n'en seront pas d'entre eux insurpportables
    Les cris espouuentables?
Que le Ciel ne pourra mesme oüir sans trembler.

La Terre qui n'est point subiette aux roullements,
    Et qui dans sa vaste estenduë
Ferme dessus son poids demeure suspenduë,
Esprouuera pour lors d'horribles tremblements ;
    L'air renfermé dans ses entrailles
Forçant de sa prison les pesantes murailles
L'entrouurira par tout d'vn effort merueilleux,
Et sappant dans le pied les plus hautes montagnes,
    Comblera les campagnes,
Malheureux pronostic du sort des orgueilleux.

Ces Rochers que lo'n voit encor au mesme estat
    Que dans la naissance du monde,
Que la fureur des vents, des foudres, & de l'onde,
A tasché d'esbranler par vn vain attentat.
    Ces grosses, & pesantes masses
Se destachant du fonds sortiront de leurs places,
Et s'entrepousseront d'vn choc si furieux,
Que ces corps qui brauoient & les flots, & la foudre,
    Seront reduis en poudre,
Laissans de leurs debris les vents victorieux.

D

La moindre Creature en ce iour s'armera
        Pour la querelle de son Maistre ,
Chacune en sa maniere y faisant recognoistre
Et quel sera son zele , & ce qu'ell' en aura.
        De chaque arbre , & de chacque plante
On verra dégouster vne sueur sanglante
Qui s'espanchant par tout fera mille ruisseaux:
Les plus forts bastiments fragilles comme vn verre,
        Renuerseront par terre.
Les fleuues rouleront plus de flames , que d'Eaux.

On n'entendra que cris, on ne verra qu'horreur,
        Par tout du sang , & du carnage ,
Par tout du desespoir, par tout desordre, rage;
Et par tout en vn mot des marques de fureur.
        Mais parmy tant d'obiects de craintes ,
En vain les Criminels feront oüir des plaintes,
Pour obliger le Ciel d'arrester ces malheurs ,
Le Ciel n'y respondra qu'auec des coups de foudre,
        Non pour les mettre en poudre ,
Mais en les espargnant, prolonger leurs douleurs.

En vain tascheront ils de trouuer quelque lieu,
    Qui puiße deffendre leurs testes
Des violents esclats de ces fortes tempestes,
En vain tascheront ils d'euiter l'œil de Dieu.
    Qu'ilz s'esleuent deßus les Nües,
Qu'ils aillent habiter des terres incognües,
Qu'ils courent l'vniuers d'vn bout à lautre bout,
Qu'ils descendent au fonds des plus profonds abismes
    Pour y cacher leurs crimes,
L'esprit qui les poursuit les trouuera par tout.

En vain s'escriront ils . ô rochers brisez vous,
    Accablez nous sous vos ruines,
Et comme interreßez aux vengeances diuines,
Préuenez le decret qui doit tomber sur nous.
    Terre ouure nous tes précipices,
O Mort, Enfer, Demons ; las ! soyez nous propices,
Et ne nous laißez plus dauantage aux abbois.
Mais l'Enfer, & la Mort seront inexorables,
    Et tous ces miserables,
Mourront de mille morts pour mourir vne fois.

Les funestes débris de noſtre humanité,
     Triſtes dépoſtz des Cimetieres,
Rabatz-joye inportuns de nos humeurs altieres,
Veritables miroirs de noſtre vanité,
     Les oſſements de tous nos Peres,
D'amis, & d'ennemis, de germains, & de freres,
Reſtes des Vers, des Loups, des Chiẽs, & des corbeaux,
Sortiront des Cercueilz, & par ordre ſupreme
          Se raſſemblant d'eux-meſme,
Paroiſtront au deſſus de leurs propres tombeaux.

Mais apres que ces maux auront longtemps regnē,
     La Mort qui de tous eſt le pire
Animée au carnage eſtendra ſon Empire
Du plus proche climat, iuſqu'au plus eſloigné.
     Dans vn equipage funeſte,
Ayant à ſes coſtez la Famine, et la Peſte,
Elle remplira tout de carnage, & de dueil,
Et ne diſcernant point les Palais, des Cabanes,
          Les lieux Sainčts, des prophanes,
De tout le monde entier ne fera qu'vn Cercueil.

Ces hautes qualitez de Princes, & de Roys,
   Ny leurs personnes adorées,
Ne seront à ses yeux non plus consideróes,
Que le moindre de ceux qui receuoient leurs loix.
   Cette implacable souueraine,
Qui du peché de l'homme est la fille, & la peine
S'armera de ses traits qui blessent sans guerir,
Et laissant tout à faict emporter son courage,
   Aux excés de la rage
Bouleuersera tout, pour faire tout périr.

Ainsi tout ce qui vit sur terre, en l'air, dans l'eau,
   Perira d'vn commun naufrage,
Et la mort n'ayant plus sur qui porter sa rage,
Du lieu de son triomphe, en fera son tombeau:
   Dessous tant de sanglants trophées,
La cruelle verra ses grandeurs estouffees,
Sa gloire confondüe, & son lustre obscurcy,
Et ne restant plus rien à vaincre qu'elle mesme,
   De fureur toute blesme,
Cette inuincible enfin sera vaincüe aussy.

Apres cela le Ciel deuiendra tout de feu,
     Et ce feu venant à descendre,
Pénétrera par tout, & mettra tout en cendre,
Sans que rien icy bas resiste tant soit peu.
     Ces grands Rochers de qui la foudre,
Ne pourroit en mille ans mettre vne piece en poudre,
Seruiront de matiere à cét embrasement,
Et par l'ordre de Dieu ces flames deuorantes,
          Par tout le monde errantes,
Iront iusque dans l'éau chercher leur aliment.

Enfin tout l'vniuers qui deuoit estre vn lieu,
     Non moins vénérable qu'vn temple,
Puisque de toutes parts l'œil humain y contemple
Et la magnificence, et la gloire de Dieu,
     Reduit entierement en braize,
Ne sera plus alors qu'vne horrible fournaise,
Ou se consommeront toutes ses salletez :
Et la Terre, & les Cieux despoüillez de leur crasse,
          Prendront vne autre face
Pour ne retomber plus dans leurs impuretez.

Mais à peine auront ils esté renouuellez
  Dans ces embrasemens estranges,
Que Dieu du haut du Ciel fera partir ses Anges,
Pour porter en tout lieu ses ordres reuellez.
  A l'instant ces Diuins Ministres,
D'vne tonnante voix, & par des cris sinistres,
Qui seront entendus dans le fonds des Enfers,
Au Iugement de Dieu conuoqueront les Hommes,
  D'où tous tant que nous sommes
Retournerons chargez de Palmes, ou de Fers.

Dès le mesme moment qu'on oyra chez les Morts
  Les premiers sons de la trompette,
Sans qu'il soit plus besoin que l'Ange les répette
Tous ressusciteront auec leurs propres corps.
  Soit qu'ils ayent esté mis en poudre,
Mangez des animaux, escrasez de la foudre,
Soit qu'ils ayent dans les Eaux trouué leur monument,
Ils seront reproduits en leur mesme nature,
  Mesme air, mesme stature,
Sans que mesme il y manque vn cheueu seulement.

De là tous se rendront au lieu déterminé,
    Pour ces generalles assises,
D'où ne resteront point d'affaires indecises,
Mais ou chacun doit estre absous, ou condamné.
    Ce n'est pas que dés la mesme heure
Qu'vne ame de son corps à quitté la demeure,
Elle ne se présente au Diuin Tribunal,
Et qu'équitablement elle n'y soit Iugée
        Et n'y voye adiugée
La part qu'elle merite ou du bien, ou du mal.

Tout ce qu'aura conclu ce premier Iugement,
    Telle qu'en sera la Sentence,
Telle eternellement dans sa mesme substance,
Elle demeurera sans aucun changement.
    Et s'il s'en rend vne seconde,
Elle ne se rendra qu'afin que tout le monde
Soit de son équité pleinement esclaircy,
Et que, comme le corps fut compagnon de l'Ame
        Dans l'honneur, ou le blasme:
Dans le prix, ou la peine il le soit faict aussy.

Ainſy tous aſſemblez veſtus des meſmes corps
  Qu'ils auoient viuants ſur la terre,
Le Ciel s'entrouurira par vn coup de tonnerre
Qui fera reiallir mille feux au dehors,
    En ſuitte nous verrons pareſtre
Noſtre équitable Iuge , & noſtre Diuin Maiſtre,
Porté par ſon pouuoir dans le milieu des airs,
Seant pompeuſement ſur ſon throſne d'yuoire
      Enuironné de gloire ,
Et précédé de feux , de foudres & d'eſclairs.

La Croix où ce grand Roy triompha des Enfers
    Aux deſpens de ſa propre vie,
Confondit des Demons la ſuperbe , & l'enuie,
Captiua leur puiſſance , & nous tira des fers :
    Cette Croix encore ſanglante,
Plus claire qu'vn Soleil , & plus eſtincellente
Se fera voir à tous en ce iour ſolemnel,
Signe d'eſpoir aux bons amoureux , & paiſible :
    Aux mechants confuſible,
Et de leurs lachetez le reproche éternel.

Mille , & mille escadrons dés Esprits bien-heureux
     Accompagneront nostre Iuge ,
Non plus , pour nous seruir d'azile , & de refuge ;
Mais las ! en qualité de Censeurs rigoureux.
     La Vierge nostre Protectrice ,
Nostre ayde , nostre espoir , nostre mediatrice ,
Et l'vnique support de nos infirmitez ,
Ne sera plus pour nous en ce iour effroyable ;
     Et son cœur pitoyable
N'aura que des rigueurs , & des seueritez.

Par vn ordre absolu sur l'heure éxécuté ;
     La trouppe des hommes confuse ,
Sans vser de remise , & sans qu'aucun refuse ,
Se partageant en deux tiendra chaque costé.
     Ceux de qui l'innocente vie ,
Fut d'vne belle mort heureusement suiuie ,
Pleins d'espoir , & de ioye auront le costé droit ;
Et pasles , & transis tiendront le costé gauche ,
     Ceux qui de la desbauche
Auront tenu la routte au mspris de tout droict.

A l'instant s'ouuriront ces Liures, du passé
      Trop fidelles dépositaires,
Où Dieu de sa main propre en de gros Caracteres,
A peint ce qui s'est faict iamais, dit, et pensé.
      Alors seront rendus célèbres,
Tous ces crimes honteux, ces œuures de tenebres,
Cés pechez desguisez, ces attentats secrets:
Ces noires trahisons, & lasches perfidies
      Adroictement ourdies
Se manifesteront sous de lisibles traits.

Ah! qu'alors on verra combien nos Iugements,
      Ont de foiblesse, & d'ignorance,
Combien nous nous trompons à la belle apparence,
Et combien peu certains dans nos discernements.
      Ces mechans, & ces Hypocrites,
Qui se font respecter dessous de faux merites,
Paroistront au dehors telz qu'ils sont dans leurs cœurs,
Et la vertu des bons que l'iniustice opprime,
      Et qu'on traitte de crime,
Sortira de l'opprobre, & vaincra ses vainqueurs.

On reuellera tout, & rien ne paßera
    Dans loubli, ny sous le silence :
Tout sera sans esgard ietté dans la Balance,
Dans toutes les rigueurs tout s'xaminera,
    On y pesera les Iustices,
On y verra des Saincts les chêutes, & les vices,
Mais enfin expiez par de bons sentimens :
Des réprouuez aussi les vertus seront sçeües,
        Dont les tristes ißües
Auront mal secondé de beaux commencements.

Mais si les plus parfaicts seront inquietez,
    Quoy que seûrs dans leurs consciences :
Quel espoir aux mechants ? & quelles confiences ?
Se voyant conuaincus de mille impietez.
    Quelles raisons ? quelles deffences ?
Quelles proctections pour couurir leurs offences ?
Dont chacun d'eux sera le propre délateur,
Comment pouuoir gagner, ou surprendre le Iuge ?
        Où chercher du refuge ?
Où pouuoir csuiter l'Ange exterminateur.

Dans ce rude examen le tout bien balancé,
    Actions, parolles, pensées,
Selon leur iuste prix seront recompensées
Par l'arrest decisif qui sera prononcé.
    Arrest de tout poinct equitable;
Arrest aux Criminels autant insupportable,
Qu'aux Iustes il sera doux, & délicieux,
Et qui designera séxécutant sur l'heure,
    L'éternelle demeure,
Des meschants aux Enfers, & des Iustes aux Cieux.

Venez, dira le Iuge en s'adressant aux Saincts;
    Venez les bénits de mon Pere,
De vos pieux trauaux voyez la fin prospere,
Et les heureux succés de vos iustes desseins;
    Venez receuoir la Couronne,
Dont mon Pere aujourdhuy vos testes enuironne,
Qu'il vous à preparé en creant l'Vniuers;
Venéz auecque moy regner dedans la gloire,
    Et de vostre victoire,
Cueillir à pleines mains les lauriers tousiours vers.

G

Puis releuant la voix, & d'vn ton plus affreux
    Que le plus horrible tonnerre,
Qui iamais ait vengé les crimes de la terre,
S'addreßant aux Pecheurs dèclamera contre eux.
    RetireZ vous maudites Ames;
Allez pour vn iamais bruſler dedans les flames,
Accablez de douleur, de triſteſſe, & de deuil,
Et mourant ſans mourir ſouffreZ y les ſupplices,
        Dont l'Ange, & ſes complices,
Sont punis ſans iamais expier leur orgueil.

Vous m'aueZ veu ſouuent attenué de faim,
    Et bruſlé d'vne ſoif ardente,
Voſtre ame à qui ma peine eſtoit trop euidentē
M'a refuſé de l'éau, m'a refuſé du pain :
    Vous m'aueZ veû chargé de chaiſnes,
Et dans les Hoſpitaux languir ſous mille gehennes,
Sans m'auoir ſecouru, ſans m'auoir viſité :
Vous m'auez deſnié le veſtir, & l'hoſpice,
        Et le conſeil propice,
Pour guerir ma triſteſſe, ou ma perplexité

Vos excuses ingrats ne seruent rien icy
   Contre de si iustes reproches ;
Ce que vous auez faict à l'endroit de vos proches,
Ie le réputte mien, & ie men plains aussy,
   Oüy c'est en mon endroit ; Barbares,
Insensibles, crüels, infidelles , auares,
Que vous auez faict voir vostre inhumanité.
Mais comme ie vous eûs en touts ces miserables
   Tousiours inexorables :
N'esperez pas de moy, non plus l'impunité.

Quel esclat de Tonnerre à tous les criminels ?
   Mais en suitte qu'elles tempestes,
Fondront de toutes parts sur ces coupables testes,
Pour les precipiter dans les feux éternelz ?
   Ah ! pendent ce terrible orage,
Combien des mal-heureux redoublera la rage,
Voyant surgir les bons heureusement au port :
Dieu le voulant ainsi pour leur laisser l'enuie
   De l'immortelle vie,
Parmy les desespoirs d'vne immortelle mort.

Qui pouroit dans le Ciel voir des Prédéstinez
  Les inconceuables delices?
Et qui dans les Enfers pouroit voir les supplices
Reseruez pour iamais aux pecheurs obstinez?
  Pleûst à Dieu que ces noires flames,
Qui doiuent tourmenter les infidelles Ames
Se peussent descouurir à nos entendements,
Et que nous conçeùssions ce que c'est de souffrance,
  Sans aucune esperance,
De trouuer tant soit peu de raffraichissements.

Brusler sans consommer dans des fourneuaux ardents,
  Rouller sans cesse sur la braise,
Ne voir aucun object qui n'afflige où déplaise,
N'entendre nuict, & iour que grinssements de dents,
  Ne respirer qu'vn air de souphre,
Qu'exhalle incessament cét effroyable gouffre,
Endurer mille maux en vn mesme moment,
Languir dessous le ioug de ces superbes Anges,
  Dont les fureurs estranges
Adioustent sans repos tourment, dessus tourment.

Ne reposer iamais, souspirer, & gemir,
   Estre abismé dans les tenebres,
Auoir l'esprit troublé de visions funebres,
Enrager de cholere, & de rage fremir,
   Souffrir ce ver de conscience,
Dont la lente morsure esmeut l'impatience;
Ver qui picque tousiours, & qui iamais ne dort :
Enfin, dans tous les sens esprouuer sans relasche,
   Quelque chose qui fasche,
Est de ces reprouueZ l'irreparable sort.

Mais quels que soient les maux qu'on endure en ce lieu,
   Quoy qu'ils ayent d'affreux, & d'horrible,
Qu'estce en comparaison de la peine terrible,
Qui naist d'auoir perdu la présence de Dieu?
   Ne voir point son aymable face,
N'y pouuoir aspirer, estre dans sa disgace,
Estre vn object de hayne à sa Diuinité,
N'en entendre parler qu'auec horreur extresmé,
   Qu'auecque du blaspheme,
Et cela sans cesser, & pour l'éternité.

STANCES

O dure Eternité, qui comprend tous les temps,
    De qui la durée est immense,
Qui ne finit iamais, & qui tousiours commence,
Dont les siecles entiers ne sont que des instants ;
    Mer sans fonds, sans riue, & sans route,
Nuict où l'esprit humain se perd, & ne void goutte,
Abisme impenetrable à nostre vanité,
Indissoluble noeud, Dedale inextricable,
    Enigme inexplicable,
Horreur, confusion, ô dure Eternité.

O grand Dieu qui voulus te faire homme pour nous,
    O Redempteur de tous les hommes,
Qui respendis ton sang pour tous tant que nous sõmes,
Et qui mourus en Croix pour le salut de tous.
    Iesus qui présentes tes graces,
Suffisament à touts pour marcher sur tes traces,
Te suiure librement, & praticquer ta loy ;
Au iour que tu viendras en qualité de Iuge
    M'offrant quelque reffuge,
Faits que ie puisse auoir faueur aupres de toy.

Souuiens toy que Ie suis l'ouurage de tes mains,
　Souuiens toy que les fléſtriſſeures,
Et que ton ſang qui fume encor dans tes bleſſures,
Sont le prix qui ſeruit au rachat des humains.
　Regarde combien ie te couſte,
Ton amour te le monſtre, il te le dict, eſcoute;
Fleſchis ſous ſa tendreſſe, & cede à ſon tranſport.
Ne me reſerue pas au iour de ta cholere,
　Ou pour iuſte ſalaire
Ie ne dois ſſperer qu'vn deſplorable ſort.

Voudrois tu que ton ſang euſt eſté reſpandu?
　En auoir eſpuiſé tes veines?
Que tes longues douleurs & ta mort fuſſent veines?
Qu'on teuſt veû ſur la Croix en vain pour nous péndu?
　Helas! préuiens par ta clemence,
Ce iour où ta cholere auecque vehemence,
A touts les criminels ſe fera reſſentir:
Et que ta charité m'eſchauffant de ſa flame,
　M'inſpire dedans l'Ame
Les iuſtes ſentiments d'vn parfaiĉt repentir.

I'ay violé tes loix, i'ay diſſippé tes dons,
  I'ay peu recherché de te plaire,
I'ay mille & mille fois prouoqué ta cholere,
Et i'ay de mes pechez meſprisé les pardons.
  I'ay meritté que le tonnerre
M'exterminaſt du monde, ouurit ſous moy la terre,
Et me précipitaſt viuant dans les Enfers.
Las ! ſi i'ay du reſpit c'eſt ta miſericorde,
      Qui ſeule me l'accorde
Eſtant iuſtement digne & des feux , & des fers.

Les ſouſpirs en la bouche enfants de mes remords,
  Et la rougeur deſſus la face,
Ie me iette à tes pieds , i'oſe demander grace,
Accablé de pechez, digne d'autant de morts.
  N'agis pas ſelon ta Iuſtice :
Toutesfois ô grand Roy s'il faut que i'en patiſſe
Ie m'y ſouſmets ainſi que tu l'ordonneras :
Deſchire, bruſle , romps : c'eſt peu ſi ta vengence
      Me laiſſe l'eſpérance
Que dans l'éternité tu me pardonneras.

Mais où éje esperer que mes ressentiments,
    Mes cris, mes souspirs, & mes larmes ?
Te puissent obliger à mettre bas les armes,
Au temps que mon peché t'oblige aux chastimens ?
    Ah ! si ie pleure, & si ie crie,
Si i'implore ta grace, ô Dieu si ie te prie,
C'est de ta mesme grace vn amoureux effect :
C'est elle qui m'excitte, & qui faict que i'espere
    Vne suitte prospere
Des voeux que ma misere auec douleur te faict.

Mortelz resueillons nous de ce sommeil de mort,
    Qui tient nos ames assoupies,
Où par nos laschetez elles sont enuieillies,
Et faisons dessus nous vn genereux effort.
    Sortons vn peu hors de nous mesmes,
Et contemplons de pres les miseres extresmes,
Que Dieu iuste prépare à nostre vanité,
Pleurons, ieusnons, veillons, prions auec instance,
    Et faisant penitence,
Pensons que d'vn momens despend l'eternité.

I

Pendant que nous auons la force, & la santé,
    Que nous auons du temps de reste,
Meditons nuict, & iour sur cette heure funeste,
Où le cours de nos ans doit estre limité.
    Pensons qu'il faut sortir du monde,
Quittter ces vains honneurs plus inconstans que l'onde,
Dont souuent l'abondance à faict des Criminels.
Enfin qu'il faut mourir, & finir vne vie,
    Qui doit estre suiuie,
Où de biens, où de maux qui seront éternelz.

A l'heure de la mort à quoy nous seruiront
    Ces tiltres d'honneur, & de gloire?
Qu'a nous gesner l'esprit, nous troubler la mémoire
Et nous ietter plus fort la honte sur le front:
    Que nous seruiront ces richesses?
Et ces biens amassez auecque tant de presses?
Qu'a nous y faire voir plus pauures en vertus.
A quoy ces vains plaisirs, & ces molles délices?
    Q'ua forger des supplices
Qui nous tourmenteront de frayeur abbatus.

Renonçons renonçons à tous ces vains plaisirs,
    A ces richesses de la terre,
A ces honneurs mondains plus fresles que le verre,
Et que rien de mortel ne fasse nos desirs.
    Destachons nous en de bonne heure,
Ne nous promettons pas vne longue demeure,
Ou ce seroit vn mal d'arrester trop long temps,
Où tous les plus grands biens n'ont fonds, ny subsistāce,
    Que la mesme inconstance,
En cela seulement arrestez, & constants.

Retirons nous des lieux d'ou le moindre faux pas,
    Nous peut ietter au precipice ;
N'esperons pas toujours la fortune propice,
Elle cache souuent le poison sous l'appas ;
    Brisons ces esclatantes chaisnes
De nos esprits trompez delicieuses gesnes,
Qui mesme nous font voir du plaisir dans la mort.
Pendant le plus doux calme, il faut craindre l'orage
    Plusieurs ont faict naufrage,
Au moment qu'ils ont creû se ranger dans le port.

Desgageons nos esprits de ces folles amours,
    De qui les criminelles flames,
En consommant nos cœurs tyrannisent nos ames
Et donnons aux vertus le reste de nos iours.
    Releuons nous auec courage,
Et secoüant le ioug d'vn si honteux seruage,
Pleurons le temps perdu dedans la vanité,
Mesnageons auec soing les diuines clemences,
    Et iettons des semences,
Pour recüeillir les fruicts dedans l'éternité.

Quittons par vn effort de generosité
    Ce qu'il faudra quitter par force,
Et faisons par vertu ce iuste, & sainct diuorce,
Qu'il faudra faire vn iour par la necessité.
    Cessons de bastir sur le sable,
Cessons de rechercher vn bon-heur perissable,
Ne nous repaissons plus de fumée, & de vent.
C'est assez voir errer nostre nef vagabonde,
    Dessus la mer du monde,
Au gré des vents, des flos, preste à perir souuent.

A quoy bon tant remettre? entrons dans le chemin
    Qui conduit à la belle vie,
Sommes nous asseurez que qui nous y conuie,
Et nous l'offre aujourd'huy nous attende demain?
    Non non! sans nous en faire à croire,
Préuenons cette nuict si facheuse, & si noire,
Qui de nos bons desseins empescheroit l'effect:
Suiuons fidellement la voix qui nous appelle,
    Et remplis d'vn Sainct Zele,
Faisons ce qu'ala mort nous voudrions auoir faict.

Si la grandeur d'vn Dieu, sa bonté, son amour,
    Ses biens faits, sa magnificence,
N'ont pas assez d'attraits, de force & de puissance,
Pour nous faire vers luy presser nostre retour.
    Que la rigueur de sa iustice,
Effrayant nos esprits au moins les diuertisse,
De leurs engagements si doux, mais dangereux.
Allons, allons à Dieu! par l'amour, par la crainte,
    L'vne, & l'autre estant saincte;
L'vne, & l'autre nous peut rendre à iamais heureux.

E

Imitons ces grands sainĉts qui nous ont précedez,
    N'apprehendons pas de les suiure,
Deßus leur bonne vie apprenons à bien viure,
Pour mourir de la mort dont ils sont décédez.
    Ils ont esté comme nous hommes,
Ils ont deßus la terre esté ce que nous sommes,
Nous pouuons dans le ciel estre ce qu'ils y sont,
Qui les à couronnez de la gloire immortelle,
        Le mesme nous appelle,
Et nous presente aussi les mesmes biens qu'ils ont.

Auec la mesme ardeur marchons deßus leurs pas,
    Auec vn semblable courage
Resistons au demon, & combattons sa rage,
Du Monde, & de la Chair, mesprisons les appas,
    Allons par le fer, par la flame,
N'espargnons point le sang, donnons iusques à l'ame,
Plus le combat est rude, & plus l'honneur est grand,
Loing de nous lascheté, tiedeur, & nonchalance,
        La seule violence
Peut nous ouurir les Cieux, & nous y donner rang.

Pensons qu'a tout moment nous entendons le son,
　　De cette effoyable trompette
Qui nous redict sans cesse, & sans cesse repette
Cette estonnante, mais salutaire leçon.
　　Sortez Morts de la sepulture,
Venez au Iugement où l'humaine nature,
Doit receuoir arrest dans vn dernier ressort :
Venez à vostre gloire, où bien à vostre honte,
　　Y rendre vn iuste conte,
Suiui pour vn iamais d'vn bon, où mauuais sort.

Allons y tous les iours détachez d'interrests,
　　Sans feintes, & sans artifices,
Faisons y contre nous, nous mesmes les offices,
De Iuges, de tesmoins, déxécuteurs d'arrests.
　　Pressons nos propres consciences,
Seruons nous contre nous de toutes nos sciences,
Faisons de nos pechez vn rigoureux recüeil,
Exacts obligeons nous sur chacun de respondre,
　　Et pour nous mieux confondre,
Demandons nous raison d'vn soufle & d'vn clin d'œil.

STANCES

Craignons donc ce grand Iour! ce Iour fur tous fatal,
*   Craignons ce Iuge redoutable,*
Craignons de ses arrests la suitte ineuitable,
Craignons ce Iugement, craignons ce tribunal.
*   Mais bien plustost craignons nos crimes,*
Plus dignes destre crains que ces profons abismes
Ny que ce feu crüel qui brusle inceßament;
Que ceste iuste crainte en nous iamis ne meure,
*   Iugeons nous à toute heure*
Et nous ne craindrons point ce dernier Iugement.

F I N.

Super flumina Babilonis.

Pfal. 136.

PLAINTES DV PEVPLE IVIF

dans la Captiuité de Babilone.

AV bord des Eaux où Babiloné
Se defcouure de toutes parts
Par les magnificques ramparts
Dont fa fupperbe l'enuironne,
Nous nous eftions vn iour affis

Penfant endormir les foucis
Dont nos ames eftoient atteintes,
Quand nos cœurs touts gros de fouspirs,
Ouurirent nos bouches aux plaintes,
Pour exprimer nos defplaifirs.

Alors nostre gloire paßée,
Nostre pays abandonné,
Et nostre Temple profané,
Nous reuinrent dans la pensée :
Sans ceße nostre affection,
Nous faisoit tourner vers Sion,
Nos yeux qui se fondoient en larmes,
Et le regret de ses malheurs,
Faisoit au fort de nos allarmes
Redoubler encor nos douleurs.

Dans cette dure seruitude
Tousiours tristes & languißants,
Rien ne pouuoit flater nos sens,
Ny calmer nostre inquietude.
L'excés de nos tourments soufferts,
Et la pesanteur de nos fers,
Auoient veincu nostre courage,
Nos corps estoient demy perclus,
Et nous auions perdu l'vsage,
De nos Harpes & de nos Luths.

On les voyoit pendre au feüillage
De mille petits arbriſſeaux,
Qui deſſus le bord de ces eaux,
Nous retenoient ſous leur ombrage:
On euſt dit que cés inſtruments,
Capables de reſſentiments,
Tachoient de forcer leur ſilence
Pour accuſer la cruauté
Des Tyrans, dont la violence
Nous tenoit en captiuité.

Ces Tygres de qui la puiſſance
Triomphoit dedans nos malheurs,
Vouloient qu'au milieu des douleurs
Nous eûſſions de la complaiſance.
Ilz nous preſſoient à tous moments
De reprendre nos inſtruments,
Et leurs cruautéz, & leurs rages,
Paſſoient iuſqu'au poinct de vouloir,
Qu'apres tant de maux, & d'outrages
Nous leur rendiſſions ce déuoir.

Essuiez, disoient ils, vos larmes,
Oubliez Sion pour iamais,
Et ne pensez plus desormais,
Qu'aux heureux succés de nos armes:
Et pour finir parfaictement
La gloire, & le contentement,
Qui doiuent suiure nos conquestes:
Chantez nous vos airs en ce lieu,
Comme aux iours de vos grandes festes,
Vous les chantiez à vostre Dieu.

Mais plus ils nous faisoient d'instance
De chanter nos Hymnes sacrez:
Plus nos cœurs iustement outrez
Leur tesmoignoient de resistance.
On ne nous reprochera point,
D'estre infidelles iusqu'au poinct,
De quitter Dieu, pour plaire aux hommes,
Et de profaner laschement.
Dans ce lieu maudict où nous sommes,
Ce qu'on doit à luy seulement.

Ie veux que le Ciel m'abandonne,
A quelque rude chastiment,
Si ie perds le ressentiment,
Que nostre infortune me donne.
Si tant d'Innocents désolez,
Nos Enfants morts, nos biens volez,
Et nos lieux Saincts réduits en cendre
S'effacent de mon souuenir;
Que la foudre puisse descendre
Pour me confondre, & me punir.

Que ma main perde l'habitude
De toucher vn Luth doucement,
Et qu'elle soit sans mouuement
Pour prix de mon ingratitude:
Que ma langue en voulant parler
Puisse à mon palais se coler,
Et que ma voix meure en ma bouche,
Si mon mal deuient adoucy,
Et si quelque plaisir me touche
Dont Sion ne ioüisse aussi.

Mais ô Dieu Iuste , & debonnaire
A qui nous sommes tous sousmis ,
Ne traitte pas nos ennemis
Auec ta douceur ordinaire :
Souuiens toy qu'en cette action ,
Apres auoir bruslé Sion ,
Et donné le reste au pillage :
Comme des Hommes enragez ,
Ils crioient parmy le carnage ,
Renuersez , tuez , esgorgez .

Que l'on fasse de la poussiere
De tous ces riches bastiments ,
Qu'on en sappe les fondements ,
Qu'on saccage la Ville entiere :
Qu'on perde les lieux d'alentour ,
Afin qu'apres ce triste iour ,
On n'en voye plus rien parestre ,
Et que ceux qui la chercheront ,
Ne la puissent plus recognestre ,
Qu'aux débris qui demeureront .

Fiere, & cruelle Babilone
Ne pense pas te maintenir :
Il faudra qu'vn temps aduenir,
Cette vanité t'abandonne.
Tant de desirs ambitieux,
Tant de desseins audacieux,
Et tant de monuments superbes,
Par vn triste, & iuste retour
Dessous les plus petites herbes
Se trouueront couuerts vn iour.

Heureux ceux dont la violence
Vengeront nos tourments soufferts,
Et te mettront dedans les fers
Ou nous retient ton insolence.
Heureux seront ces triomphants,
Qui prendront iusques aux enfans
Qui seront dedans tes entrailles,
Et qui sans soucy de tes pleurs,
En battront encor les murailles,
Afin d'augmenter tes douleurs.

F I N.

Iudica me Deus. Pſal. 42.

SVBIECT.

Le Peuple Iuif detenu en captiuité dans
Babilone ayant demandé ſa deliurance
à Dieu alegue en ce Pſalme les raiſons
qui luy font eſperer léffet de ſes prieres.

Monarque ſouuerain du Ciel, & de la terre,
 Iuſte Dieu qui tiens vn Tonnere
  Pour punir l'orgüeil des humains:
Finis par ta bonté la rigueur de nos geſnes
Venge nous des tyrans qui nous chargent de chaiſnes
  Et prens noſtre cauſe en tes mains.

Eſtc'e en vain que ton peuple attend ſa deliurance
 De ta grace, & de ta puiſſance
  Toy qui fus touſiours ſon appuy?
Et ton bras dont la force à tant faict de miracles,
Qui triomphe par tout, & ne voit point dobſtacles
  Nous manquera t'il aujourd'huy?

Il semble en nous voyant dans cette seruitude
La plus honteuse, & la plus rude,
Que nous puißions iamais souffrir,
Que tu nous as laißez, & que nostre misere
Au lieu de t'adoucir, excite ta cholere,
Et que tu nous veux voir perir.

Iusqu'a quand viurons nous dedans cet esclauage,
Opprimez d'vn peuple sauuage,
Dans les pleurs, & dans les souppirs:
Et verrons nous tousiours cette trouppe ennemie
Qui sur nostre malheur, croit sa gloire affermie,
Se mocquer de nos desplaisirs.

Il est temps desormais que ton pouuoir parroiße,
Et que Babilone cognoiße,
Que tu veilles encor sur nous.
Fais nous de nos vainqueurs des subiects de victoire,
Apres le deshonneur remets nous dans la gloire,
Et change en douceur ton courroux.

N

Faicts briller deßus nous ta grace, & ta lumiere,
   Et par ta bonté couſtumiere,
   Tire nous de captiuité,
Donne vn ſuccés heureux à tes ſacreẓ oracles,
Faicts nous reuoir tō Tēple, & les Saincts Tabernacles,
   Pour t'y loüer en liberté.

Helas ! ſi quelque iour ta prouidence ordonne,
   Que nous ſortions de Babilone,
   Pour reſpirer vn aïr plus doux :
Nous renouuellerons nos vœux, & nos offrandes,
Et les reſſentiments pour des faueurs ſi grandes,
   Dureront touſiours parmy nous.

Nos corps tous conſumez par la longue ſouffrance,
   Au poinct de noſtre deliurance,
   Quitteront toute leur langeur :
Et nos fronts où les maux auoient peint la vieilleße,
Reprendront le teint vif d'vne verte Ieuneße,
   Pleine de force, & de vigueur.

Ce ne seront alors que des chants d'allegresse,
Nous bannirons nostre tristesse,
Nos plaintes ne s'entendront plus :
Seigneur nous rentrerõs dans nos sainctes pratiques,
Et ferons retentir les aymables Cantiques,
Sur nos harpes & sur nos luths.

Reprenons donc courage apres tant de souffrances,
Mettons en Dieu nos esperances,
Iamais il ne nous laissera :
Soyons tousiours constans quoy qu'on nous persecute,
Et croyons que celuy qui permit nostre chute,
A la fin nous releuera.

Nos peines finiront & par sa prouidence,
La paix le calme, & l'abondance,
Succederont à nos malheurs :
Nous reuerrons Sion dans vn plaisir extresme,
Et loüeront hautement cette bonté supreme,
Qui sechera bien tost nos pleurs.

FIN.

TOMBEAV

DE

MADEMOISELLE
DE CHARTRES.
SONNET.

Qve le bien des mortelz est vain, & peu durable,
Son lustre le plus vif s'esteint comme vn flãbeau,
Ce qu'il à de parfaict, & de considerable,
N'est qu'vn verre fragile, & qu'vn foible roseau.

Helas ! ce que le monde eut iamais d'estimable,
Tout ce que la nature à iamais faict de beau,
Et tout ce que nos yeux virent iamais d'aymable,
Auec vne PRINCESSE est dedans ce Tombeau.

Cét Astre qui deuoit tousiours luire & parestre,
A fourny sa carriere en commançant à naistre,
Il nous est enleué par les mains de la mort.

Mais ce triste accident ne doit sembler estrange,
Et qui voudroit s'en plaindre, il s'en plaindr it à tort,
La terre n'estoit pas la demeure d'vn ANGE.

FIN.

9 782012 854628